Malen

für kreative Kids

Inhaltsverzeichnis

Schöne Aussichten

Tiere und andere Wesen

Deine Grundausstattung

So wirst du zum Profi

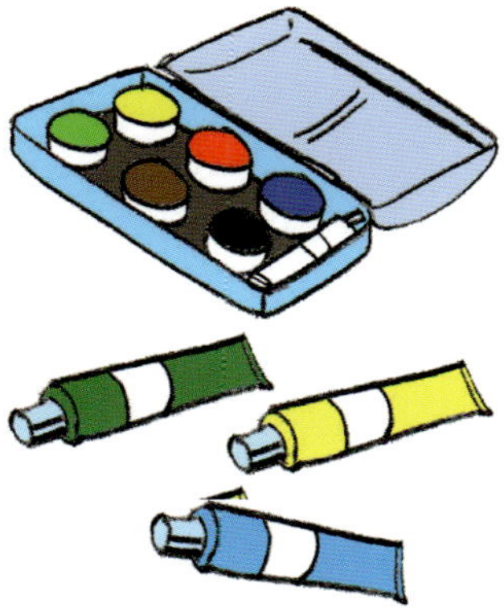

Deckfarben

Man nennt Deckfarben auch Tempera oder Gouache. Dein ganz normaler Schultuschkasten enthält Deckfarben. Tempera oder Gouache gibt es in Tuben zu kaufen, einzeln oder gleich als Sortiment in einem Kasten. Deckfarben lassen sich genauso mit Wasser verdünnen wie Aquarellfarben. Je mehr Wasser du nimmst, desto transparenter werden die Farben. Nimmst du weniger Wasser, kannst du sie richtig dick anrühren.

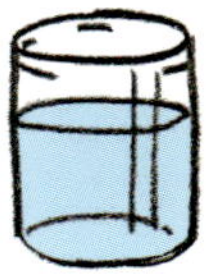

Möchtest du verschiedene Farben übereinander auftragen, beginne immer mit der helleren Farbe. Nur das Deckweiß lässt sich ohne Probleme zum Schluss auftragen, wenn die Farben darunter getrocknet sind. Das gleiche gilt auch für Farben, die du mit Deckweiß gemischt hast. Diese kannst du auch gut auf dunklere Farben auftragen.

! Vorsicht: Wenn du zu sehr mit dem Pinsel mit Deckweiß auf den Farbschichten reibst, lösen sich die Farben darunter wieder auf und mischen sich mit der Farbe, die du gerade verwendest.

Passendes Papier

Mit Deckfarben kannst du auf einem einfachen Zeichenblock malen, wenn du die Farben nicht zu sehr mit Wasser verdünnen möchtest. Besser ist es, einen geleimten Aquarellblock zu verwenden. Dann kannst du das fertige Bild auf dem Block trocknen lassen und es wird schön glatt.

Passende Pinsel

Deckfarben lassen sich sehr gut mit einem flachen Borstenpinsel verarbeiten, mit ihm kannst du leicht größere Flächen und ganze Hintergründe füllen. Die Rundpinsel benutzt du für kleine Details, wie z. B. die Schnurrhaare einer Katze, wie auf Seite 60. Wenn du die Farben mit viel Wasser verarbeitest, ist ein Aquarellpinsel gut geeignet, der schön weich und saugfähig ist, sodass das Wasser aus dem Pinsel nicht auf dein Bild läuft.

Aquarellfarben

Aquarell- oder Wasserfarben kannst du fest in Näpfchen oder weich in Tuben kaufen. Schön sind fertige Kästen mit einem Napfsortiment, so hast du alle Farben, die du brauchst. Wie der Name schon sagt, verarbeitest du Wasserfarben mit viel Wasser.

Mit Wasser- oder Aquarellfarben malst du immer dunkle Farben auf helle Farben – anders herum

So wirst du zum Profi

funktioniert es nicht, weil Wasserfarben ganz durchscheinend sind. So kann man helle Farben auf dunklen gar nicht mehr erkennen.

Aquarellfarben werden niemals mit Deckweiß gemischt. Wenn du Weiß brauchst, lässt du einfach die entsprechende Fläche auf dem Papier frei. Das Schöne an Aquarellfarben ist, dass man die Farben mit viel Wasser ineinander laufen lassen kann. Man nennt diese Technik die „Nass-in-Nass-Technik“.

Passendes Papier

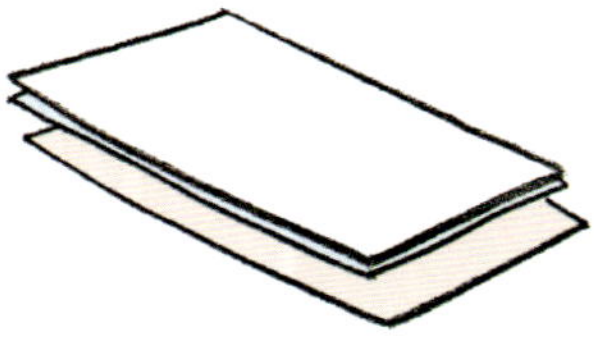

Aquarellpapier kann man als geleimten Block oder als lose Blätter bekommen. Der Vorteil des Blocks ist, dass du gleich loslegen kannst. Ein loses Papier musst du zuerst auf eine glatte Fläche kleben, weil sich das Papier durch das Wasser ausdehnt und wellig wird. Aquarellpapier gibt es mit rauer und glatter Oberfläche zu kaufen. Für Landschaftsbilder nimmst du eher das Papier mit der gröberen Oberfläche. Willst du feine, detailreiche Motive, wie z. B. die Meerjungfrau von Seite 36 malen, ist die glatte Oberfläche besser geeignet.

Passende Pinsel

Spezielle Aquarellpinsel sind aus Rotmarderhaaren gemacht und sehr teuer. Aber du kannst auch mit Aquarellpinseln aus Kunstfasern sehr schön malen. Aquarellpinsel bilden eine ganz feine Spitze. Man kann daher, mit etwas Übung, mit einem dicken Pinsel ganz feine Linien malen. Am Anfang ist das noch schwierig, da ist es einfacher, einen dünnen Pinsel zu benutzen. Für Hintergründe und zum Anfeuchten des Papiers nimmst du einen dicken Borstenpinsel.

Acrylfarben

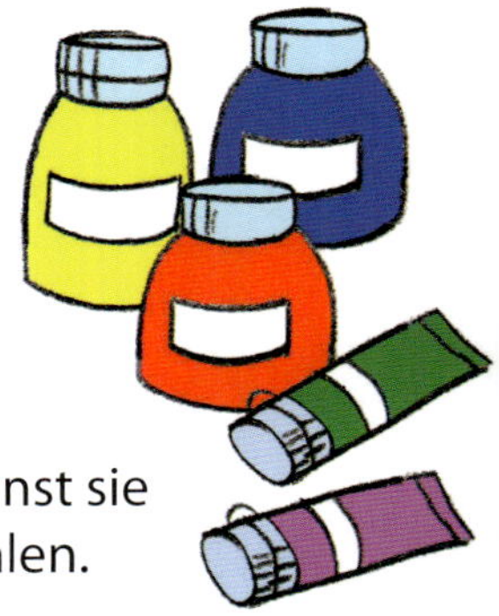

Acrylfarben gibt es in Flaschen, Tuben oder als fertiges Set zu kaufen. Mit ihnen lassen sich die unterschiedlichsten Sachen machen. Mit Wasser verdünnt, werden sie ganz durchsichtig und du kannst sie fast wie Aquarellfarben vermalen. Unverdünnt sind sie deckend, d. h., du kannst verschiedene Farben übereinander malen, ohne dass die Farbe darunter durchscheint.

Acrylfarbe glänzt, wenn sie trocken ist – deine Bilder sehen dann fast aus wie Ölgemälde. Mit Acrylfarbe lassen sich sehr gut dunkle Hintergründe anlegen, auf die du dann mit helleren Farben etwas malen kannst, wie z. B. einen Sternenhimmel oder das Weltraum-Bild auf Seite 40.

Wichtige Techniken

Passendes Papier

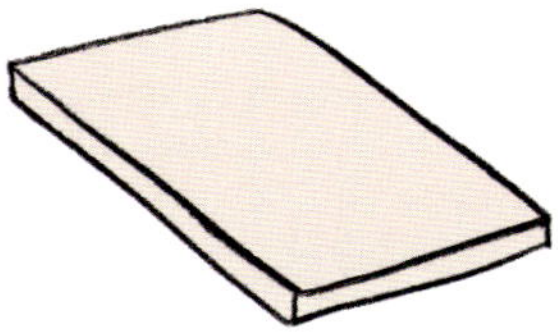

Mit Acrylfarben kannst du auf speziellen Acrylmalblocks oder auf Leinwänden malen – wie ein richtiger Künstler! Außerdem eignet sich weiße Pappe oder dickeres Papier, das du aber, bevor du mit dem Malen beginnst, aufkleben musst, damit es sich nicht wellt.

Passende Pinsel

Für die Acrylmalerei eignen sich Borstenpinsel und Rundpinsel aus Kunstfasern besonders gut. Für das Einfärben größerer Flächen, wie z. B. der Weltraum beim Raketenstart auf Seite 26, verwendest du am besten den flachen Borstenpinsel. Die Feinheiten und Details, z. B. die der Rakete, malst du mit dem Rundpinseln.

1 Nass-in-Nass-Technik: Wenn du in noch feuchte Aquarellfarbe eine andere Farbe gibst, vermischen sich die Farben und verlaufen schön ineinander.

2 Deckend Malen: Mit Acrylfarben, kannst du mit einer Farbe die andere komplett übermalen.

3 Durchscheinend (lasierend) Malen: Mit Wasser verdünnte Acrylfarben werden transparent und der Untergrund scheint durch.

Naturerlebnis

Schneeland-

Hermelin im Schnee

1 Zeichne mit Bleistift ganz dünn das Hermelin und die Linie, die den Horizont bildet vor. Übe dabei nicht zu viel Druck auf den Bleistift aus, sodass die Linien schön fein werden. Tauche deinen dickeren Aquarellpinsel (Nr. 12) ins Wasserglas und befeuchte damit die Fläche, die den Himmel darstellen wird. Jetzt kannst du blaue Farbe auftragen. Fange von oben an. Bewege den Pinsel waagerecht hin- und her. Nimm nach unten immer weniger Farbe.

2 Male mit Blau und Violett die Schatten an den Hinterpfoten und Schwanz. Mit einem ganz hellen Blau malst du die Schatten am Bauch und unter der Schnauze.

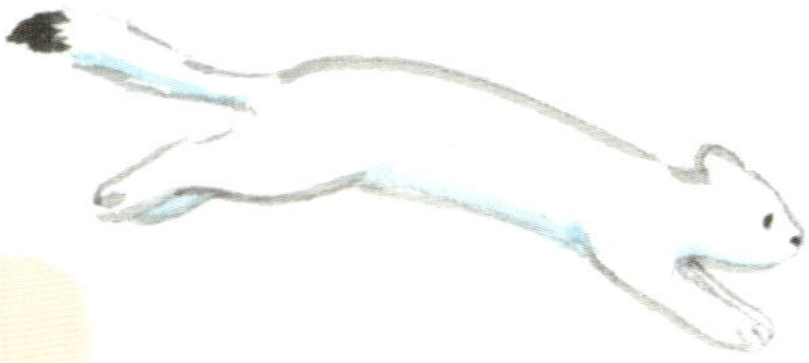

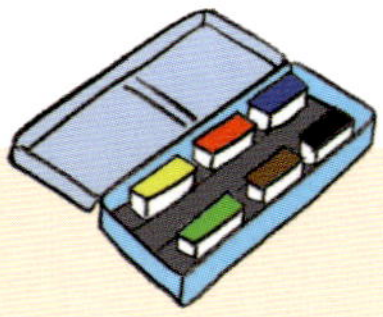

- Aquarellfarben in Hellblau, Blau, Violett, Grau, Schwarz, Gelb und Braun
- Aquarellpapier, 24 cm x 32 cm
- Aquarellpinsel, Nr. 12 und 4
- Glas mit Wasser
- Bleistift HB

Vorlage Seite 74

3 Nimm den feinen Aquarellpinsel (Nr. 4) und male in Schwarz Augen, Nase und Mäulchen. Mit drei kleinen Strichen rechts und links von der Nase gibst du dem Hermelin seine Barthaare.

schaft

4 Mit grauer Farbe kannst du nun einige Linien stärker betonen. Zuletzt malst du noch die Schwanzspitze schwarz an.

5 Mit gelben und braunen Strichen malst du noch ein wenig trockenes Gras, das aus dem Schnee schaut, um das Hermelin herum, so wird dein Bild lebendiger.

Willst du ein Hermelin im Sommer malen, darfst du nur den Bauch weiß lassen, das Fell am restlichen Körper ist braun. Nur im Winter ist das Fell des Hermelins komplett weiß.

Ferien am

Muscheln am Strand

1 Zuerst malst du die Sandfläche auf die Leinwand. Dafür mischst du Ocker, Gelb und Weiß auf deiner Palette oder deinem Teller. Vermische die Farben nicht zu einem einheitlichen Farbton. So sieht dein Sandbild lebendiger aus. Trage die Farbe in langen waagrechten Strichen mit dem Borstenpinsel auf die Leinwand auf.

2 Jetzt malst du mit dem Rundpinsel die Umrisse von Muscheln und Schnecken vor. Verwende dafür Weiß.

3 Male jetzt die Formen mit der weißen Farbe aus. Beginne mit dem Rand und fülle dann die Fläche schön gleichmäßig. Folge mit den Pinselbewegungen ungefähr der Form der Muschel. Das ergibt sich ganz von selbst, wenn du vom Rand aus arbeitest.

- **Tempera / Gouache in Ocker, Gelb, Weiß, Rot, Blau, Braun und Schwarz**
- **Keilrahmen, 20 cm x 30 cm**
- **Borstenpinsel, Nr. 12**
- **Rundpinsel, Nr. 6**
- **Palette oder Teller zum Mischen**

Meer

Gib einen kleinen Klecks Weiß, einen kleinen Klecks Rot und einen kleinen Klecks Blau auf deinen Teller. Wenn du deinen Pinsel erst in die weiße Farbe tauchst und dann abwechselnd in Rot und Blau, mischst du dadurch ganz tolle Pastelltöne. Male damit feine Linien in Rosa, Hellblau und Helllila in die Muscheln.

5 Die Schatten der Muscheln malst du mit Braun. Dann male noch etwas Seetang in Dunkelgrün. Mische dafür Gelb mit Blau und ein wenig Schwarz.

Vielleicht hast du vom Urlaub am Meer echte Muscheln und Schneckenhäuser zu Hause. Lege Sie beim Malen vor dich hin und benutze sie wie ein richtiger Künstler als Modell, das du abmalst.

Feuerrotes

Baum

1 Gib etwas schwarze Farbe auf deinen Teller oder deine Palette, tauche den Rundpinsel (Nr. 6) hinein und male zuerst den Stamm und die dicken Äste.

2 Nimm dann den dünneren Pinsel (Nr. 4) und male die feineren Zweige. Setze immer am Baum oder Ast an und ziehe lockere Striche vom Baum weg nach außen.

3 Die ganz kleinen Zweige malst du am besten mit dem feinsten Rundpinsel (Nr. 2).

- **Acrylfarben in Schwarz, Gelb, Weiß und Rot**
- **Keilrahmen, 20 cm x 30 cm**
- **Borstenpinsel, Nr. 12**
- **Rundpinsel, Nr. 6, 4 und 2**
- **Palette oder Teller zum Mischen**

Abendlicht

Bäume und Abendhimmel

1 Male die ganze Fläche mit dem Borstenpinsel in Gelb aus. Bewege den Pinsel schön gleichmäßig und waagerecht über dein Bild.

2 Trage am oberen Rand deines Bildes etwas rote Farbe auf. Reinige dann deinen Pinsel und verteile die Farbe, indem du deinen Pinsel kräftig hin und her bewegst. Die rote Farbe wird dünner und nach unten immer heller.

3 Wenn dein Hintergrund gut getrocknet ist, male mit Schwarz einen Hügel unten auf das Bild. Darauf malst du deine Bäume, so wie du es davor an einem einzelnen Baum geübt hast. Zum Schluss malst du mit Weiß und dem dünnsten Rundpinsel den funkelnden Abendstern am Himmel.

Krabbler

Marienkäfer auf Blatt

1 Gib etwas Hellblau und Weiß auf deine Palette oder deinen Teller. Nimm den dicken Borstenpinsel (Nr. 12) und vermische die beiden Farben etwas miteinander, aber nur so, dass noch etwas Weiß und Blau zu sehen sind. Bewege den Pisel so, als würdest du Wellen malen, ganz locker und nicht zu gerade!

2 Wenn die Oberfläche trocken ist, male mit Grün und Gelb ein großes Blatt in die Mitte. Die Farben mischen sich erst beim Malen auf der Leinwand. Auch dieses schön trocknen lassen!

3 Male jetzt ein großes, rotes Oval auf das Blatt. Das wird der Käferkörper!

- **Acrylfarben in Hellblau, Weiß, Grün, Gelb, Rot, Schwarz und Dunkelgrün**
- **Keilrahmen, 20 cm x 30 cm oder Acrylmalpapier, 24 cm x 32 cm**
- **Borstenpinsel, Nr. 12 und 4**
- **Palette oder Teller zum Mischen**

mit Tupfen

4 Mit Schwarz und dem feineren Borstenpinsel (Nr. 4) malst du jetzt Kopf, Beine und Fühler. Noch ein Strich in der Mitte und zwei Punkte – fertig sind die Flügel.

5 Mit weißer Farbe malst du dem Käfer noch zwei Augen. Wenn du noch einen länglichen Tupfen an die Seite malst, sieht es so aus, als würden die Flügel glänzen! Mit dunklem Grün kannst du nun noch den Blattstiel und die untere Kante des Blattes nachziehen.

Malen wie

Blüte

1 Male mit viel Wasser und wenig Farbe eine Blüte mit fünf Blütenblättern. Benutze dafür die Farbe Purpurmagenta und den dickeren Aquarellpinsel (Nr. 12).

2 Nimm etwas mehr Purpurmagenta und male einen dicken Punkt in die Blütenmitte. Von dem Punkt aus ziehst du Linien nach außen.

3 Wenn die Blüte trocken ist, malst du mit dunklem Braun und dem dünnen Aquarellpinsel (Nr. 4) feine Striche von der Mitte nach außen und setzt oben noch einen gelben Punkt drauf – fertig sind die Staubfäden.

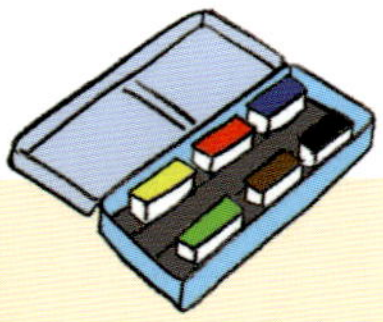

- **Aquarellfarben in Rosa, Dunkelbraun und Gelb**
- **Aquarellpapier, 24 cm x 32 cm**
- **Aquarellpinsel, Nr. 12 und 4**
- **Glas mit Wasser**

in Japan!

Blütenzweig

1 Mit Braun und dem dickeren Aquarellpinsel malst du einen Zweig, der viele Zacken hat. Er darf ruhig aussehen wie ein Blitz!

2 Dann malst du die schönen Blüten mit etwas Abstand an den Zweig. Zuletzt verbindest du die Blüten noch mit kleinen Stängeln mit dem Zweig, damit sie nicht in der Luft hängen. Hierfür verwendest du den feineren Aquarellpinsel.

Die Blüten können auch Zartlila oder Hellblau sein. Wenn du kein Lila in deinem Aquarellkasten hast, mische Ultramarinblau und Karminrot.

Verborgene

Kristall

1 Gib die Farben Blau, Schwarz und Weiß auf deine Palette oder deinen Teller und beginne, die Leinwand von oben nach unten einzufärben, indem du deinen Borstenpinsel immer abwechselnd in die drei Farben tauchst. Nimm nach und nach mehr Weiß dazu, sodass das Bild nach unten hin heller wird. Streiche dabei mit dem Pinsel schön schwungvoll hin und her!

2 Verdünne etwas weiße Farbe mit Wasser und male mit dem feineren Rundpinsel (Nr. 4) die Umrisslinien für die Kristalle und den Felsen. Die Kristalle malst du als längliche Quader – Wolkenkratzer haben eine ähnliche Form.

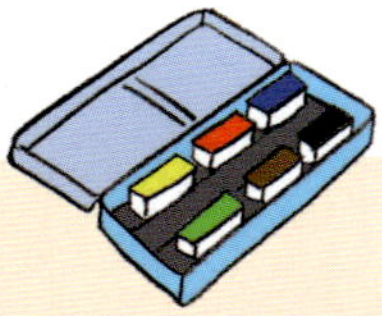

- **Tempera / Gouache in Blau, Schwarz, Weiß, Ocker und Braun**
- **Keilrahmen, 20 cm x 30 cm**
- **Borstenpinsel, Nr. 12**
- **Rundpinsel, Nr. 6 und 4**
- **Palette oder Teller zum Mischen**
- **Glas mit Wasser**

3 Fülle jetzt die Kristallumrisse mit weißer Farbe. Tauche deinen dickeren Rundpinsel (Nr. 6) in Wasser, bevor du die Weiße Farbe aufnimmst, so löst sich die dunklere Farbe des Hintergrunds etwas und die Kristalle sehen dadurch durchsichtig aus.

Höhlenschätze

4 Male jetzt den Felssockel mit Braun, Ocker und Schwarz aus. Du kannst auch ein wenig Weiß dazugeben. Mische die Farben nicht vorher, dann gibt es beim Malen interessantere Effekte! Trage die Farbe mit zackigen Strichen auf, so, als würdest du lauter kleine Spitzen malen. Dann sieht der Fels schön steinig aus!

5 Zuletzt ziehst du mit dem dünneren Rundpinsel und weißer Farbe die oberen und rechten Umrisslinien der Kristalle nach. Ziehe den weißen Rand bis unten durch, auch wenn sich die Kristalle überschneiden.

Du kannst die Kristalle auch farbig gestalten, indem du etwas Rot oder Blau in das Weiß mischst, vergiss aber nicht, etwas Wasser beizugeben, damit sie schön transparent aussehen.

Für kleine

Künstler

Fruchtiges

Apfel und Birne

1 Zeichne mit dem Bleistift die Umrisse eines Apfels und einer Birne vor.

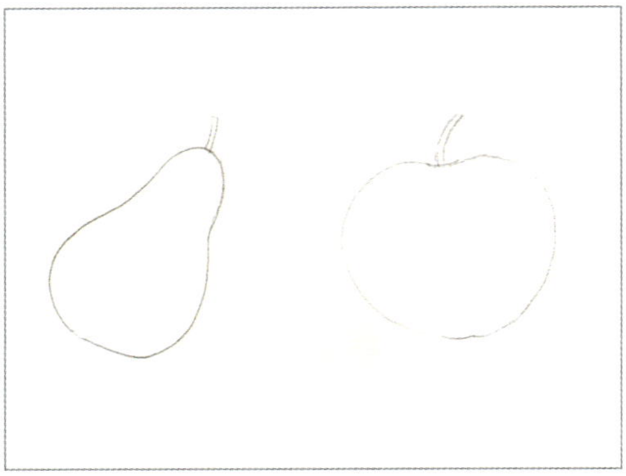

2 Nimm den dickeren Aquarellpinsel (Nr. 12) zur Hand und male die Formen mit gelber Farbe und viel Wasser aus.

3 Gib in die noch feuchte Farbe bei der Birne etwas Grün und beim Apfel etwas Rot dazu. Trage die Farbe aber nur vorsichtig auf einer Seite am Rand auf und du kannst sehen, wie die Farbe von selbst verläuft.

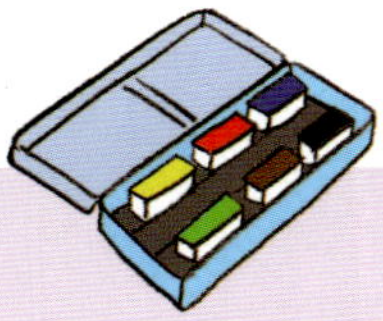

- **Aquarellfarben in Gelb, Grün, Rot, Braun, Schwarz, Hell- und Dunkelblau**
- **Aquarellpapier, 24 cm x 32 cm**
- **Aquarellpinsel, Nr. 12 und 4**
- **Bleistift HB**
- **Glas mit Wasser**

4 Nachdem alles getrocknet ist, kannst du mit dem dünneren Aquarellpinsel (Nr. 4) mit Braun und Schwarz den Stiel oben und die kleine Blüte unten anmalen.

Stilleben

Obstschale

1 Zeichne zuerst mit dem Bleistift eine leere Schale. Danach zeichnest du die Früchte hinein. Wenn es dir leichter fällt, kannst du sie in einem Stück malen, so als wäre die Schale durchsichtig. Alle Linien, die du nicht brauchst, kannst du anschließend wegradieren.

2 Male jetzt die Früchte auf die gleiche Weise an, wie auf Seite 24 beschrieben.

3 Mit viel Wasser und ganz wenig Schwarz und Hellblau malst du nun mit dem dicken Pinsel vom Rand aus einen Schatten unter die Schale. Die Schale selbst malst du mit hellblauer Farbe an.

4 Nimm dann das dunklere Blau und ziehe einen Strich unter dem Rand der Schale entlang. An einer Seite trägst du ebenfalls etwas Dunkelblau auf, dann wirkt die Schale plastischer! Was vom Innern der Schale hinter den Früchten sichtbar ist, malst du ebenfalls Dunkelblau. Hierfür benutzt du den dünnen Pinsel.

Der Count-

Raketenstart

1 Male den Untergrund mit dem Borstenpinsel ganz in Schwarz. Führe den Pinsel dabei waagerecht in kräftigen Strichen über die Leinwand. Wenn die Farbe getrocknet ist, malst du mit Weiß die Planetenoberfläche. Folge beim Ausmalen mit dem Pinsel der gebogenen Linie. Nimm etwas Gelb oder Ocker hinzu und verstreiche es auf dem Weiß.

2 Mit weißer Farbe und dem Rundpinsel malst du die Umrisse der Rakete vor. Fange beim Ausmalen an den äußeren Rändern an. Benutze hierfür den Borstenpinsel. Fülle die Form aus, indem du mit dem Pinsel den Umrisslinien folgst, bis die Rakete ganz weiß ist.

3 Wenn alles getrocknet ist, male den Rumpf hellblau an. Mische dafür Blau mit Weiß. Nimm diesmal den Rundpinsel und beginne wieder von außen.

- **Acrylfarben in Schwarz, Weiß, Ocker, Rot, Gelb und Dunkelblau**
- **Keilrahmen, 20 cm x 30 cm**
- **Rundpinsel, Nr. 12**
- **Borstenpinsel, Nr. 12**
- **Teller oder Palette zum Mischen**

down läuft

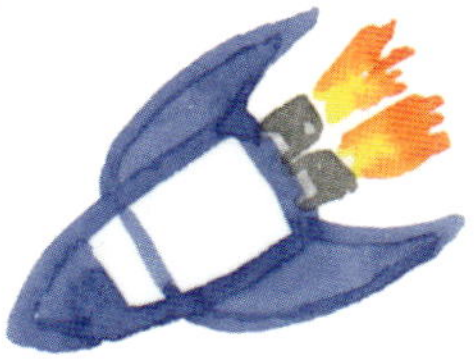

4 Nach dem Trocknen kannst du mit dem Rundpinsel die Rakete ausschmücken: Male rote Streifen auf die Tragflächen, eine rote Spitze, ein Bullauge und graue Streifen auf die Triebwerke. Zuletzt umrandest du das Hellblau noch mit Dunkelblau.

5 Mit Rot und Gelb malst du die Flammen, die beim Start aus den Triebwerken kommen. Trage die Farben rein auf und vermische sie erst auf der Leinwand miteinander! Hierfür nimmst du den Borstenpinsel und malst immer vom Triebwerk aus schräg nach unten. Male die Flammen nicht bis zum unteren Rand des Bildes!

Liebste

Rosenblüte

1 Mische mit Rot, Weiß und ein wenig Blau ein schönes Rosa. Nimm wirklich nur ganz wenig Blau, sonst wird es Violett. Male mit dem Borstenpinsel eine Form, die aussieht, wie ein liegendes Ei. Führe beim Ausmalen den Pinsel in immer enger werdenden Ovalen.

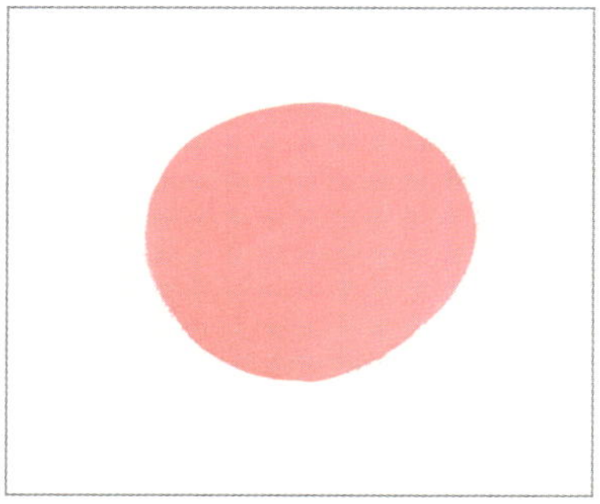

2 Gib nun etwas Weiß hinzu, damit du ein helleres Rosa erhältst. Mit dem Rundpinsel malst du nun die inneren Blüten, die wie kleine Mondsicheln aussehen, in die Mitte des Ovals. Male nach außen größer werdende Blüten um die inneren Blüten herum, bis die äußeren über den Rand hinausragen.

3 Nimm jetzt wieder das dunklere Rosa mit dem Rundpinsel auf und ziehe einen lockeren Strich an der Innenseite jeder Blüte entlang.

4 An der Außenseite der Blüten ziehst du mit Weiß einen Strich.

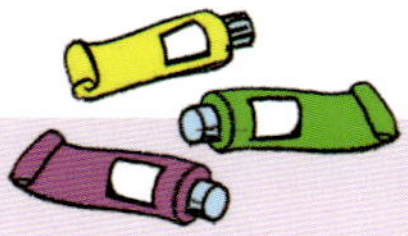

- **Acrylfarben in Rot, Weiß, Blau, Gelb und Dunkelgrün**
- **Keilrahmen, 20 cm x 30 cm oder Acrylmalpapier, 24 cm x 32 cm**
- **Rundpinsel, Nr. 12**
- **Borstenpinsel, Nr. 12**
- **Teller oder Palette zum Mischen**

Grüße

Rose in Vase

1 Für den Hintergrund mischst du eine schöne Farbe aus Weiß, Gelb und Blau. Nimm dabei viel Weiß! Trage die Farbe mit dem Borstenpinsel in senkrechten Strichen auf das Papier auf. Wenn du die unterschiedlichen Farben nicht ganz miteinander vermischst, sieht dein Hintergrund spannender aus!

2 Mit dem Rundpinsel malst du mitten auf das Blatt einen Stängel und an beiden Seiten Verästelungen mit Rosenblättern in Dunkelgrün.

3 Jetzt malst du eine Rosenblüte, wie auf Seite 28 beschrieben oben auf den Stängel.

4 Zuletzt malst du unten die Vase. Mische dir ein Hellblau aus Blau und Weiß. Male mit dem Rundpinsel zuerst den Umriss der Vase und fülle sie dann aus, indem du mit deinen Pinselstrichen dem Verlauf der Form folgst. Dann trägst du links noch etwas dunkleres Blau auf und rechts noch etwas Weiß. Den oberen Rand der Vase malst du mit waagerechten Strichen. Auch hier die Farben nicht vollständig mischen!

Prinzessin

Portrait

1 Tauche deinen Borstenpinsel in das Wasserglas und feuchte das Papier gleichmäßig damit an. Nimm dann ein wenig gelbe Farbe mit dem Pinsel auf und verteile sie ganz dünn auf der ganzen Fläche.
Wenn du den Pinsel dabei senkrecht zum Papier hältst und ihn in waagerechten Strichen über das Papier führst, erhältst du eine schön gleichmäßige Fläche. Nimm im oberen Bereich des Blattes etwas mehr Gelb und lass anschließend alles gut trocknen!

2 Mische Deckweiß mit ein wenig Rot, sodass du ein schönes Rosa erhältst. Male mit dem dickeren Aquarellpinsel (Nr. 12) mit der Nummer zwölf eine ovale Form für den Kopf, füge unten anschließend Hals und ein wenig Ausschnitt hinzu. Male die Form aus, indem du mit deinen Pinselstrichen den Außenlinien folgst. Umrande Kopf und Hals mit einem etwas dunkleren Rosa. Lasse anschließend alles gut trocknen.

- Deckfarben in Gelb, Weiß, Rot, Hellblau, Ocker, Braun, Lila und Violett
- Aquarellpapier, 24 cm x 32 cm
- Aquarellpinsel, Nr. 12 und 4
- Borstenpinsel, Nr. 12
- Glas mit Wasser

3 Nimm den dünneren Aquarellpinsel (Nr. 4) und male mit Hellblau zwei große Punkte für die Augen. Mische Ocker und Braun und ziehe damit schöne Bögen über den Augen der Prinzessin. Etwas höher malst du noch zwei größere Bögen als Augenbrauen. Mit Rosa malst du die Nase – aber nur angedeutet durch einen kleinen Bogen. Nimm für den Mund ein schönes Rot! Hier wird die Unterlippe durch einen zarten Bogen ebenfalls nur angedeutet.

Goldlöckchen I.

4 Nimm wieder den dickeren Aquarellpinsel (Nr. 12) und tauche ihn in Gelb und Orange, um die Krone der Prinzessin zu malen. Mit Violett malst du unterhalb des Halses lauter Wellen, als Rüschen des Prinzessinnenkleides.

5 Mit Ocker und Braun und dem Aquarellpinsel (Nr. 12) malst du nun die Haare der Prinzessin: lauter Wellenlinien, die du mit Schwung von oben nach unten malst. Nimm jetzt den feineren Aquarellpinsel und male mit Braun die Wimpern und mit Rot die roten Punkte auf den Kronenspitzen. Mit dem dickeren Aquarellpinsel malst du nun in Lila- und Violetttönen die Rüschen. Du kannst auch zur Zierde noch ein paar Pünktchen hinzufügen!

Um Mitter-

Vampir und Nachthimmel

1 Zeichne den Vampirumriss zunächst mit dem Bleistift vor. Dafür kannst du die Vorlage benutzen. Den Kopf malst du mit dem dickeren Aquarellpinsel (Nr. 12) und ein wenig Rot, das du mit viel Wasser mischst. Ein Vampir muss blass sein, verwende also wirklich nur ganz wenig Rot!

2 Male den ganzen Hintergrund um den Vampir herum mit Indigoblau an. Verwende hierfür ebenfalls den dickeren Pinsel. Knülle anschließend ein Papiertaschentuch zusammen und tupfe damit über die blaue Farbe, solange sie noch feucht ist. Dadurch entsteht ein wildes Muster, das den Nachthimmel ganz stürmisch und aufgewühlt erscheinen lässt.

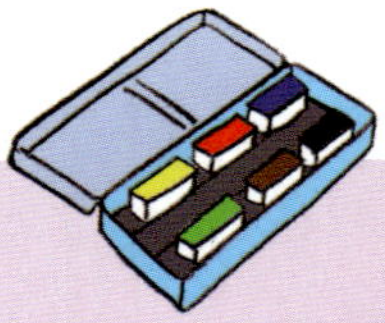

- Aquarellfarben in Schwarz, Indigoblau, Rot
- Aquarellpapier, 24 cm x 32 cm
- Aquarellpinsel, Nr. 12 und 3
- Bleistift HB
- Papiertaschentuch
- Glas mit Wasser

Vorlage Seite 74

nacht …

3 Mit dem feineren Pinsel (Nr. 4) malst du nun das Vampirgesicht: Zwei schwarze Punkte für die Augen, einen dickeren Rosa Strich als Nase und einen roten Bogen als Mund. Jetzt fehlen nur noch die beiden Vampirzähne – die kannst du z. B. mit Bleistift einzeichnen, dann werden sie schön spitz!

4 Die Haare malst du ebenfalls mit dem dünnen Pinsel. Streiche dabei vom Kopf weg nach außen, sodass die Frisur schön strubbelig aussieht. Mit dem dickeren Pinsel malst du jetzt den restlichen Vampir ganz schwarz aus. Beginne mit dem Umriss des Vampirs und fülle dann den Vampirkörper mit Umhang aus.

Bezaubernde

Meerjungfrau

1 Zeichne mit Bleistift die Umrisse der Meerjungfrau auf das Aquarellpapier. Wenn du möchtest, kannst du hierfür die Vorlage benutzen. Tauche anschließend den Borstenpinsel in Wasser und feuchte die ganze Fläche an. Trage jetzt, von oben beginnend, Hellblau oder Türkis mit schwungvollen, lockeren und waagerechten Pinselstrichen auf. Nimm nach unten hin immer mehr Farbe dazu. Am unteren Rand des Blattes kannst du ein dunkleres Blau verteilen.

2 Nimm mit dem feineren Aquarellpinsel mit (Nr. 4) ganz wenig Orange auf und male damit das Gesicht, den Hals und die Arme der Meerjungfrau an. Den restlichen Körper zusammen mit dem schönen Fischschwanz malst du ebenfalls mit dem feinen Pinsel an. Male von oben nach unten, wobei du mit Grün beginnst und nach und nach ins Blau übergehst.

- **Deckfarben in Türkis, Orange, Grün, Hell- und Dunkelblau**
- **Aquarellpapier, 24 cm x 32 cm**
- **Aquarellpinsel, Nr. 12 und 4**
- **Borstenpinsel, Nr. 12**
- **Bleistift HB**
- **Glas mit Wasser**

Vorlage Seite 75

3 Male die Umrisse für Haare und Flosse mit hellblauer Farbe und dem dickeren Aquarellpinsel (Nr. 12). Tauche anschließend deinen Pinsel in Wasser und feuchte die beiden Flächen an. Achte darauf, dass das Gesicht der Meerjungfrau dabei ganz trocken bleibt.

Unterwasserwelt

4 Mit dem dickeren Aquarellpinsel malst du nun Haare und Flosse in die feuchten Flächen. Verwende Blau für die Haare und Grün für den Schwanz und ziehe lockere, schwungvolle Linien. Beginne dabei immer am Körper der Meerjungfrau und ziehe die Linien nach außen weg.

5 Wenn alles getrocknet ist, ziehe noch einmal Linien in Blau und Grün nach – auf dem nun trockenen Untergrund verlaufen sie nicht mehr. Nimm zum Schluss den dünneren Aquarellpinsel und male mit Grün die Verzierungen auf das Meerjungfrauenkleid und die Schuppen auf den Schwanz.

Schöne

Aussichten

Oase in

Palmen

1 Um zu üben, malst du zuerst eine größere Palme mit dem dickeren Aquarellpinsel (Nr. 12). Nimm braune Deckfarbe für den dicken Palmenstamm.

2 Nimm nun mit dem feinen Aquarellpinsel (Nr. 4) wieder etwas von der braunen Farbe auf und ziehe ganz locker Striche von rechts nach links auf dem Palmenstamm. Sie sollten nicht ganz gerade verlaufen! Dann malst du rechts und links noch Linien an den Rändern des Stammes entlang.

3 Für die Palmwedel malst du mit Grün lockere Bögen. Beginne immer am Stamm und male schwungvoll nach außen – wie Wasser aus einem Springbrunnen sprießen die Palmwedel.

4 Male nun mit dem feinen Pinsel (Aquarellpinsel Nr. 4) viele schräge Striche an die Bögen, so wie bei einer Feder oder einem Tannenzweig. Beginne immer am Bogen. Verwende verschiedene Grüntöne hierfür: Hell- und Dunkelgrün, damit die Palme lebendiger aussieht!

- **Deckfarben in Braun, Hell- und Dunkelgrün**
- **Tempera / Gouache in Weiß, Ocker und Gelb**
- **Aquarellpapier, 24 cm x 32 cm**
- **Aquarellpinsel, Nr. 12 und 4**
- **Rundpinsel, Nr. 12**
- **Borstenpinsel, Nr. 12**
- **Bleistift HB**
- **Palette oder Teller zum Mischen**
- **Glas mit Wasser**

der Wüste

1 Zeichne zunächst mit dem Bleistift die Sandhügel vor.

2 Tauche den Borstenpinsel in Wasser und feuchte die ganze Himmelsfläche damit an. Verteile nun blaue Deckfarbe. Beginne am oberen Rand und bewege den Pinsel hin- und her. Nimm nach unten hin immer weniger Farbe.

3 Mische jetzt die Tempera-Farben Weiß, etwas Ocker und ein wenig Gelb miteinander. Male jetzt mit dem Borstenpinsel alles aus und folge dabei den Linien der Sanddünen.

4 Nimm etwas Ocker und ziehe mit dem Rundpinsel die Linien der Sandberge nach. Mit Ocker, das du mit Wasser verdünnt hast, malst du nun noch einige Bereiche der Berge etwas dunkler, und zwar so, dass immer helle und dunkle Flächen nebeneinander sind, das gibt einen dreidimensionalen Effekt.

5 Jetzt kannst du mit dem feinen Aquarellpinsel die Palmen hineinmalen, wie du es zuvor schon geübt hast.

Die Weiten

Planeten und Sterne

1 Mische Blau und Schwarz und bemale die ganze Leinwand schön gleichmäßig damit. Dafür streichst du mit dem Borstenpinsel abwechselnd von rechts nach links und von oben nach unten.

2 Mische ein wenig Weiß mit ein wenig Gelb. Mit dem Rundpinsel malst du nun ein paar Sterne auf. Setze dafür einfach zwei Kreuze versetzt übereinander, male dann einen Punkt in die Mitte – und fertig.

3 Male nun ein paar Planeten, indem du verschieden große Kreise auf die Leinwand malst. Um einen Planeten herum kannst du noch einen Ring malen, das könnte z. B. Saturn sein.

- **Acrylfarben in Schwarz, Blau, Gelb und Weiß**
- **Keilrahmen, 20 cm x 30 cm**
- **Borstenpinsel, Nr. 12**
- **Rundpinsel, Nr. 12**
- **Teller oder Palette zum Mischen**

des Weltalls

4 Halte den Rundpinsel beim Malen senkrecht über der Leinwand und tupfe lauter kleine Punkte als Sterne auf – mal größer, mal kleiner und nicht zu gleichmäßig, sondern wild durcheinander!

5 Nimm noch einmal etwas Weiß dazu, um eine hellere Farbe zu erhalten. Male damit nun einige hellere Sterne, auch den Planetenring und den Mittelpunkt deiner Sterne.

Herbstwald

1 Tauche den Borstenpinsel ins Wasser und feuchte zuerst das ganze Blatt damit an. Verteile dann schön gleichmäßig Gelb und Orange ganz dünn auf dem Papier. Bewege den Pinsel in alle Richtungen, dann verläuft die Farbe gut. Lasse das Blatt trocknen.

2 Mit dem dickeren Aquarellpinsel (Nr. 12), viel Wasser, etwas Braun und Orange malst du den Waldboden. Lasse alles gut trocknen bevor du weiter malst.

3 Male jetzt mit Braun die Baumstämme mit einigen Ästen, die in die Höhe ragen.

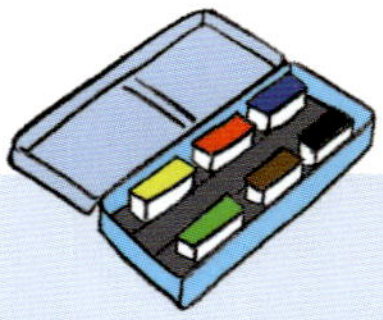

- **Aquarellfarben in Gelb, Rot, Grün, Braun und Orange**
- **Aquarellpapier, 24 cm x 32 cm**
- **Aquarellpinsel, Nr. 12 und 3**
- **Borstenpinsel, Nr. 12**
- **Glas mit Wasser**

Summer

4 Nimm jetzt Gelb und Orange und male den oberen Bereich der Blätter mit viel Wasser aus, und zwar so, dass es aussieht wie eine Wolke. Hierfür kannst du ebenfalls den dickeren Aquarellpinsel benutzen.

5 Jetzt kannst du mit Grün und dem dünnen Aquarellpinsel (Nr. 3) noch Gras auf den Waldboden malen. Nimm anschließend Orange, halte den Pinsel ganz flach und tupfe mit der flachen Seite oben Striche in die Bäume. Wechsle öfter die Richtung, so sehen die Striche wie bunte Blätter aus! Fertig ist dein sonniger Herbstwald.

Unheimliche

Kopfweiden

1 Zu einer unheimlichen Moorlandschaft gehören unbedingt Kopfweiden. Mit dem dickeren Aquarellpinsel (Nr. 12) und brauner Farbe malst du zuerst einen kurzen, dicken Stamm mit einigen Knubbeln am oberen Ende.

2 Mit dem dünneren Aquarellpinsel (Nr. 3) malst du nun die dünnen Zweige, die oben aus dem „Kopf" herauskommen. Nimm dafür Braun und etwas Schwarz und male immer vom Stamm aus. Am besten geht es, wenn du den Pinsel fast senkrecht hältst, sodass nur die Spitze das Papier berührt. Ziehe die Linien ganz locker und mit Schwung nach außen. Wenn ein paar Äste krumm werden, macht das gar nichts, in der Natur ist das auch nicht anders.

3 Mische nun Braun und Schwarz, noch etwas Gelb dazu und du hast ein schön moosiges Olivgrün. Mit dem dünneren Aquarellpinsel malst du nun senkrechte Striche auf eine Hälfte des Stammes.

4 Mit dem gemischten Grün malst du jetzt noch die Knubbel ein wenig an.

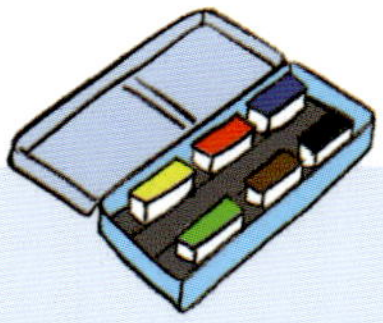

- **Aquarellfarben in Gelb, Braun, Schwarz und Blau**
- **Aquarellpapier, 24 cm x 32 cm**
- **Aquarellpinsel, Nr. 12 und 3**
- **Borstenpinsel, Nr. 12**
- **Glas mit Wasser**

Moorlandschaft

1 Tauche den Borstenpinsel ins Wasser und feuchte das ganze Blatt damit an.

2 Nimm Schwarz und ein wenig Blau und beginne den Himmel zu malen. Streiche mit dem Pinsel hin- und her. Arbeite dich dabei auf dem Blatt von oben nach unten. Dabei wird die Farbe im Pinsel immer weniger und das Bild wird automatisch nach unten hin heller. Beginne mit wenig Farbe. Wenn dir das Bild zu hell ist, kannst du immer noch etwas Farbe auftragen.

3 Mische jetzt Gelb, Braun und Schwarz und ziehe unten mit dem Borstenpinsel einen Breiten Streifen. Das alles machst du, während das Blatt noch nass ist, dann verläuft die Farbe schön und die Landschaft sieht wie in Nebel getaucht aus.

4 Wenn das Blatt getrocknet ist, malst du deine Kopfweide hinein. Mit dem dünneren Aquarellpinsel malst du noch ein paar senkrechte Striche als Gras.

Du kannst natürlich auch mehrere Kopfweiden auf das Bild malen. Dafür malst du sie einfach etwas kleiner. Und vielleicht lauert im Nebel auch irgendwo eine gruselige Gestalt mit gefährlich leuchtenden Augen?

Hallooo

Berge und Wiesen

1 Beginne mit Hellblau und dem Borstenpinsel (Nr. 12), das Blatt von oben aus mit langen Querstrichen einzufärben. Nimm nach und nach etwas Weiß dazu, sodass es nach unten hin heller wird, lasse unten einen weißen Rand. Nimm dann etwas Dunkelblau und verteile es gut am oberen Rand. Dann hast du einen schönen, strahlend blauen Himmel.

2 Mische Schwarz und Weiß zu einem schönen Grau. Male nun mit dem Borstenpinsel (Nr. 10) zackige Berggipfel. Das geht besonders gut, wenn du den Pinsel etwas schräg hältst, so wie einen Füller.

3 Nimm nun etwas mehr Weiß dazu und male die Bergspitzen Hellgrau. Ganz oben am Gipfel kannst du etwas mehr Weiß verwenden.

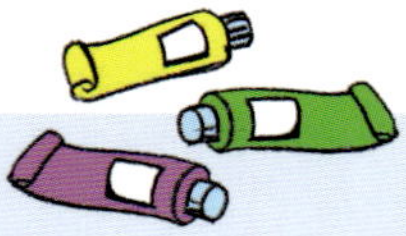

- **Acrylfarben in Schwarz, Weiß, Hellblau, Dunkelblau, Dunkelgrün und Gelb**
- **Acrylmalpapier, 24 cm x 32 cm**
- **Borstenpinsel, Nr. 12 und 10**
- **Teller oder Palette zum Mischen**

Echooo!

4 Fülle nun mit Dunkelgrün die Fläche unterhalb der Berge aus, indem du den Pinsel flach aufsetzt und nur kurz nach unten ziehst, fast so, als würdest du nur tupfen. Nimm dann etwas Gelb und mische es mit dem Pinsel hier und da direkt auf dem Papier unter das Grün, aber nur so viel, dass man ab und zu noch etwas Grün sieht.

5 Nimm jetzt etwas mehr Gelb zum Grün hinzu und fülle den unteren Teil des Bildes in derselben Technik: Mit dem flachen Pinsel kurze Striche von oben nach unten. Zuletzt malst du noch die Spitzen der Berge weiß. Mische ab und zu ein ganz klein wenig Hellblau bei, damit es wie Schnee und Gletscher aussieht!

Mit einem feinen Rundpinsel kannst du auf die hellgrüne Bergwiese noch bunte Blümchen auftupfen.

Schauerlicher

Schloss auf Berg

1 Tauche den Borstenpinsel ins Wasser und befeuchte das gesamte Blatt damit. Für den Himmel mischst du Indigoblau, Ocker und Braun. Nimm den Aquarellpinsel und bewege ihn kreisend auf dem Papier, sodass er schön aufgewühlt aussieht. Nimm am oberen Rand des Himmels mehr Farbe, sodass er von oben nach unten heller wird. Lasse anschließend alles trocknen.

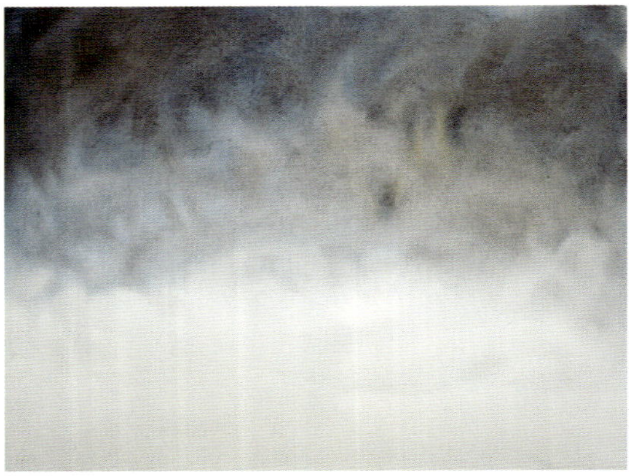

2 Mische nun Braun und Schwarz und male das Schloss und den Berg, auf dem es steht. Fülle die Fläche mit senkrechten Strichen aus.

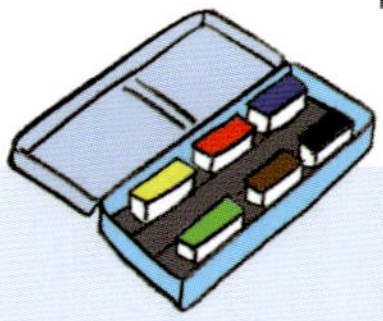

- **Aquarellfarben in Indigo, Braun, Ocker, Schwarz und Gelb**
- **Aquarellpapier, 24 cm x 32 cm**
- **Aquarellpinsel, Nr. 12**
- **Borstenpinsel, Nr. 20**
- **Glas mit Wasser**

3 Male in die noch nasse Bergfläche mit Gelb senkrechte Striche. Sie mischen sich mit dem Untergrund zu einem Olivgrün.

Ausblick

4 Nun kannst du noch mit der Pinselspitze einen Schwarm krächzende Krähen um den Turm flattern lassen. Oder sind das vielleicht die Vampire? Benutze dafür Schwarz und Indigoblau gemischt.

Romantische

Schwan auf dem See

1 Mische Weiß, Dunkelblau und Türkis zu einem schönen, hellen Blau. Trage mit dem Borstenpinsel die Farbe auf, indem du schön von rechts nach links schwingst. Wenn die Farbe trocken ist, ziehe mit dem Bleistift einen Strich quer über das Bild. Er sollte etwas höher als die Mitte sein. Benutze hierfür ein Lineal, damit er auch schön gerade wird.

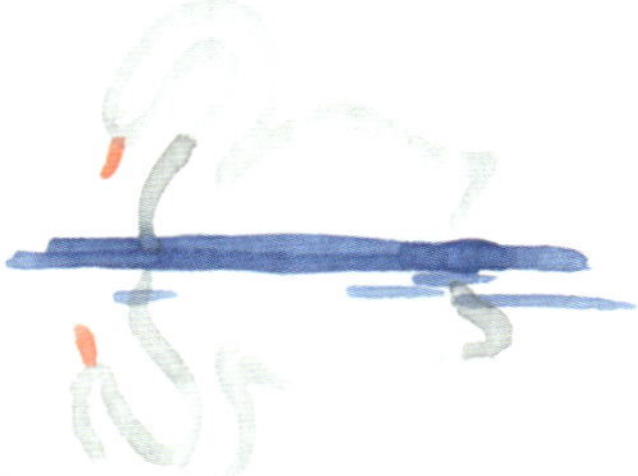

2 Mische nun mit Weiß, Dunkelgrün und Türkis ein helles Grün. Male oberhalb der Bleistiftlinie eine Welle mit dieser Farbe. Male genau die gleiche Welle unterhalb der Linie, und zwar so, als wäre sie gespiegelt. Auf der Linie kannst du ein wenig blaue Farbe frei lassen. Auch hier benutzt du den Borstenpinsel.

- **Acrylfarben in Weiß, Türkis, Dunkelblau, Dunkelgrün, Gelb und Rot**
- **Keilrahmen, 20 cm x 30 cm**
- **Borstenpinsel, Nr. 12**
- **Rundpinsel, Nr. 12**
- **Bleistift 2B**
- **Lineal**
- **Palette oder Teller zum Mischen**
- **Glas mit Wasser**

Spiegelung

3 Mische jetzt Gelb, Dunkelgrün, Türkis und Schwarz. Aber Vorsicht, von dem Schwarz darfst du nur ganz wenig nehmen! Male mit diesem dunklen Grün und dem Borstenpinsel nun zwei waldige Berge, die bis ans Seeufer reichen. Dein Seeufer ist die Linie in der Mitte!

4 Mit Gelb und ein wenig Grün tupfst du nun Bäume ans Seeufer. Setze den Borstenpinsel dazu flach auf. Tupfe die Spiegelung im Wasser unter die Seeuferlinie. Zuletzt malst du den Schwan mit dem Rundpinsel: Nimm Weiß, verdünne es etwas mit Wasser und male die Form einer Zwei. Darunter malst du sie genau spiegelverkehrt. Zuletzt gibst du dem Schwan noch einen roten Tupfer als Schnabel – fertig!

Drehe den Rahmen auf den Kopf, wenn du die Spiegelungen malst. Das geht viel einfacher!

In der

Palmen und Sonnenuntergang

1 Tauche den Borstenpinsel in Wasser und feuchte damit das ganze Blatt an. Trage dann am unteren Rand mit dem Aquarellpinsel eine Fläche Gelb auf die in der Mitte des Blattes in Orange übergeht und zum oberen Rand des Blattes in Rot. Bewege dabei den Pinsel hin- und her.

2 Ziehe jetzt mit Purpurmagenta und Violett im oberen Bereich waagrechte Linien ein. Verwende auch hier den Aquarellpinsel!

3 Spüle jetzt den Borstenpinsel gut aus. Halte ihn senkrecht und ziehe ohne Farbe nur mit Wasser von der Mitte des unteren Randes aus Linien strahlenförmig nach außen. Lass das Blatt jetzt trocknen.

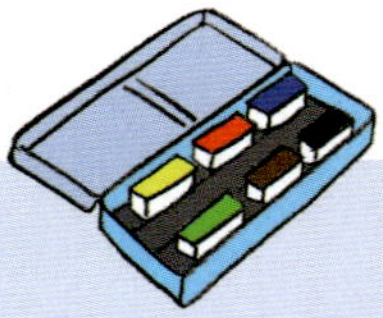

- **Aquarellfarben in Gelb, Orange, Rot, Purpurmagenta, Violett und Indigoblau**
- **Aquarellpapier, 24 cm x 32 cm**
- **Aquarellpinsel, Nr. 12**
- **Borstenpinsel, Nr. 12**
- **Glas mit Wasser**

Südsee

4 Male jetzt mit dem Aquarellpinsel und Indigoblau eine gewellte Fläche an den unteren Rand. Male dann ein paar Palmen darauf – alles in der gleichen Farbe. Wenn du die Palmen zur Mitte geneigt malst, so wie auf dem Bild, wirkt es besonders romantisch!

Tiere und

andere Wesen

König der

Löwe

1 Zeichne mit dem Bleistift den Löwen vor. Wenn dir das zu schwierig ist, kannst du auch die Vorlage zu Hilfe nehmen.

2 Male mit dem Aquarellpinsel (Nr. 12) den ganzen Löwenkörper mit Ocker an, bis auf die Mähne und die Schwanzspitze.

- **Deckfarben in Ocker, Braun, Weiß, Rot und Schwarz**
- **Aquarellpapier, 24 cm x 32 cm**
- **Aquarellpinsel Nr. 12 und 4**
- **Bleistift HB**
- **Teller oder Palette zum Mischen**
- **Glas mit Wasser**

Vorlage Seite 76

3 Mit demselben Pinsel malst du nun die Mähne und die Schwanzspitze braun an. Pass gut auf, dass du die Ohren nicht mit anmalst.

Wüste

4 Mische Weiß mit etwas Rot. Male dann mit dem feineren Aquarellpinsel (Nr. 4) die Nase und das Innere der Ohren Rosa. Der Löwe ist mit der Seite zu dir gewandt. Wenn du die Beine, die auf der anderen Seite sind, oben am Körper mit Braun etwas dunkler malst, sieht der Löwe plastischer aus.

5 Mit dem Pinsel Nr. 4 malst du jetzt mit schwarzer Farbe Nase, Maul, Augen und Krallen. Vergiss nicht die Schnurrhaare! Ziehe auch um das Innere der Ohren eine schwarze Linie.

Freundliche

Puschels

1 Male mit dem Borstenpinsel und Gelb einen Kreis. Wenn die Farbe zu dick ist, verdünne sie etwas mit Wasser. Halte dann den Pinsel senkrecht und ziehe die Farbe, von der Mitte ausgehend, aus dem Kreis, so, als wolltest du eine Sonne malen. Wiederhole dies so lange, bis das Ganze schön „puschelig“ aussieht.

2 Probiere auch gleich die rote Farbe aus und male noch einen Puschel daneben.

3 Nimm jetzt den Rundpinsel und male mit weißer Farbe die Augen und Münder. Mit Schwarz malst du die Pupillen. Die Zähne sind ganz einfach: Ziehe mit Schwarz eine Zickzacklinie über den weißen Mund. Die Augen werden richtig glubschig, wenn du an der Seite noch einen schwarzen Rand ziehst.

- **Acrylfarben in Gelb, Rot, Blau, Weiß und Schwarz**
- **Acrylmalpapier, 24 cm x 32 cm**
- **Rundpinsel Nr. 12**
- **Borstenpinsel Nr. 12**
- **Palette oder Teller zum Mischen**

Außerirdische

Wabbels

1 Mische Blau mit etwas Weiß, sodass du ein schönes Hellblau erhältst. Male nun mit dem Rundpinsel eine wabbelige, unregelmäßige Form. Sie muss nicht genau so aussehen, wie auf dem Bild – die Wabbels können nämlich dauernd ihre Form verändern! Male jetzt noch drei dicke Kugelaugen an wabbeligen Stielen.

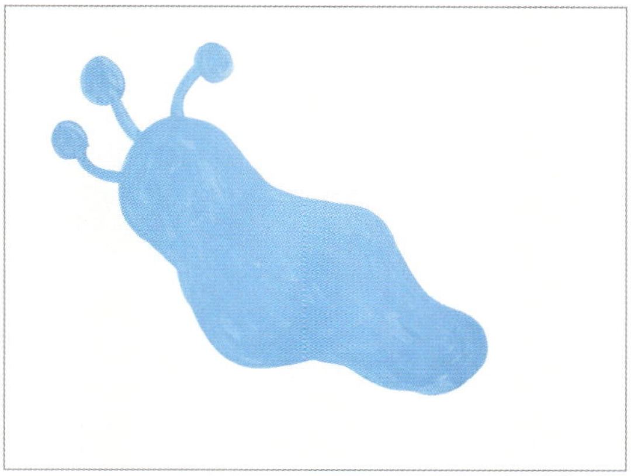

2 Male jetzt mit Rot große Kreise in die Kugelaugen. Und einen roten Mund, der wie eine Mondsichel aussieht.

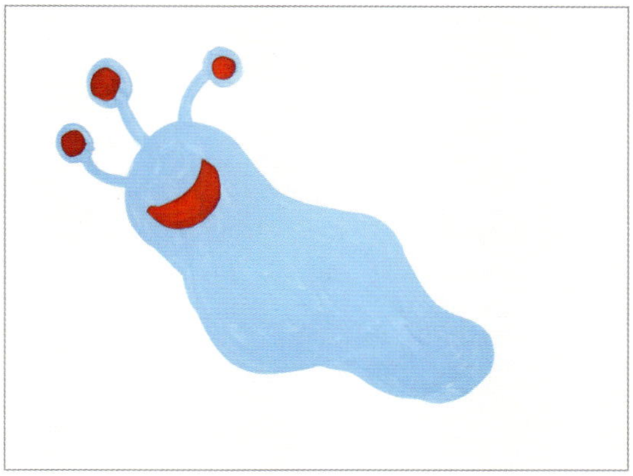

3 Jetzt kannst du mit weißer Farbe noch Pupillen in die Augen malen. Die Zähne entstehen einfach wieder aus einer Zickzacklinie, diesmal in Weiß!

Die Weltraummonster kannst du auch prima auf dein Weltall-Bild von Seite 40 malen, auf dem schwarzen Hintergrund leuchten die Farben noch viel mehr!

Auf Samt-

Katze

1 Zeichne mit dem Bleistift die Katze dünn vor. Wenn du möchtest, kannst du die Vorlage benutzen.

2 Mische etwas Ocker mit Orange und male die Katze mit dem dickeren Aquarellpinsel (Nr. 12) aus.

- **Deckfarben in Orange, Ocker, Weiß, Rot und Schwarz**
- **Aquarellpapier, 24 cm x 32 cm**
- **Aquarellpinsel Nr. 12 und 4**
- **Bleistift HB**
- **Teller oder Palette zum Mischen**
- **Glas mit Wasser**

Vorlage Seite 77

3 Wenn alles getrocknet ist, mische Rot und Weiß zu einem schönen Rosa und male mit dem kleinen Pinsel die Innenseite der Ohren und die Nase aus.

pfötchen

4 Mit dem dickeren Aquarellpinsel malst du nun die Streifen ins Fell. Mische Rot und Orange, um eine schöne Farbe für die Streifen zu erhalten.

5 Nimm Schwarz und male mit dem feinen Pinsel (Nr. 4) alle Linien nach, die auf dem Bild dunkler sind: Nase, Schnäuzchen, Schnurrhaare, die Linie zwischen den Vorderbeinen und schließlich die Pfötchen.

Du kannst auch Hellgrau und Dunkelgrau verwenden, so hast du eine grau getigerte Katze. Male doch eine ganze Katzenfamilie in unterschiedlichen Färbungen.

Räuber der

Hai

1 Zeichne den Hai mit dem Bleistift vor. Ist es zu schwierig für dich, kannst du die Vorlage benutzen.

2 Nimm den dickeren Aquarellpinsel (Nr. 12) und male den ganzen Hai mit viel Wasser und etwas Schwarz aus, sodass er ganz hellgrau wird.

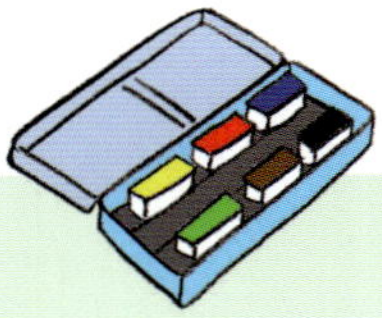

- Aquarellfarben in Schwarz und Blau
- Aquarellpapier, 24 cm x 32 cm
- Aquarellpinsel Nr. 12 und 4
- Bleistift HB
- Teller zum Mischen
- Glas mit Wasser

Vorlage Seite 78

3 Male jetzt die obere Hälfte des Hais mit ein wenig Schwarz und grau aus, solange noch alles feucht ist. Nimm nur wenig Farbe, denn der Körper des Hais bleibt zunächst noch ziemlich hell. Färbe auch die große Flosse vorn und die Schwanzflosse mit ein.

Meere

4 Wenn alles trocken ist, mischst du ein Blaugrau mit etwas mehr Blau als Schwarz. Trage mit dem dicke-ren Pinsel die Farbe oberhalb der Linie auf, die sich mitten durch den Hai zieht. Hinten tupfst du mit der Pinselspitze etwas Farbe über die Linie. Dann füllst du noch die Schwanz-flosse und die Brustflosse vorn mit der gleichen Farbe aus.

5 Nimm jetzt den feineren Aquarellpinsel (Nr. 4) und male mit Schwarz das Auge aus. Dann gehst du hinter dem Auge noch ein Stück auf der Mittellinie entlang und malst auch die Kiemenschlitze dunkler – das sind die senkrechten Striche in der Mitte. Zuletzt kannst du noch die Zähne mit dem Bleistift ein wenig betonen, damit der Hai gefährlicher aussieht.

Weltraum-

Giftspinne

1 Mische mit viel Gelb und etwas Grün ein helles Giftgrün. Male dann eine dicke, grüne Kugel – das ist der Spinnenkörper. Nun kannst du auf jeder Seite vier Beine malen. Fange am Körper an und ziehe dann mit Schwung eine Linie in einem Bogen nach unten. Es ist gut, wenn du die Farbe für diesen Schritt etwas mit Wasser verdünnst.

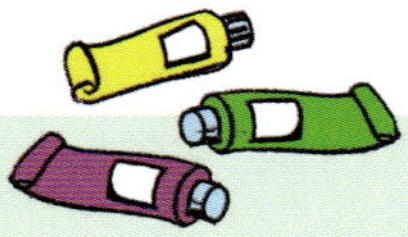

- **Acrylfarben in Grün, Gelb und Schwarz**
- **Acrylmalpapier, 24 cm x 32 cm**
- **Rundpinsel Nr. 12**
- **Palette oder Teller zum Mischen**
- **Glas mit Wasser**

Monster

2 Male jetzt mit Schwarz vier Augen unten auf den Spinnenkörper, zwei große und zwei kleine. Unten fügst du noch zwei Zacken als Zähne an. Wenn du jetzt mit der Pinselspitze noch auf jedes Auge einen kleinen, weißen Punkt tupfst, glänzen die Augen richtig angriffslustig!

Wenn du beim die Raketenstart auf Seite 26 die Rakte einfach weglässt, kannst du prima diese Alien-Spinne auf die Planetenoberfläche setzen!

Kleiner

Hündchen

1 Zeichne die Form des Hundes mit Bleistift auf das Aquarellpapier, wenn du magst kannst du die Vorlage dafür benutzen.

2 Fülle den Hundekörper ganz mit Ocker aus und benutze hierfür den feineren Aquarellpinsel (Nr. 4). Für große Flächen kannst du auch den dickeren Pinsel (Nr. 12) zu Hilfe nehmen.

3 Male die Ohren mit dem feinen Pinsel braun. Jetzt kannst du dem Hund noch braune Flecken malen. Färbe auch das Schwänzchen braun ein.

- **Deckfarben in Ocker, Braun, Schwarz, Blau und Rot**
- **Aquarellpapier, 24 cm x 32 cm**
- **Aquarellpinsel Nr. 12 und 4**
- **Bleistift HB**
- **Teller oder Palette zum Mischen**
- **Glas mit Wasser**

Vorlage Seite 79

Spielkamerad

4 Mit dem feinen Pinsel und schwarzer Farbe malst du jetzt die Augen, die Nase und das Schnäuzchen. Auch die Striche an den Pfoten kannst du noch einmal nachziehen. Oben an den Beinen, direkt unterm Bauch, kannst du mit verdünntem Schwarz noch einen kleinen Schatten malen.

5 Jetzt musst du nur noch das Halsband in Rot und den Anhänger in Blau malen, beides am besten mithilfe des feinen Pinsels.

Aus dem

Feuervogel

1 Zeichne mit Bleistift einen Vogelkopf. Er muss nicht genauso aussehen wie auf dem Bild.

2 Nimm jetzt den dickeren Aquarellpinsel (Nr. 12) und male den Kopf gelb aus. Male dann mit kräftigen Pinselstrichen drei Feder-Büschel: einmal rechts, einmal links und einmal in der Mitte. Fertig sind Schwanz und Flügel. Warte nicht, bis alles trocken ist, sondern male gleich weiter!

3 Mit Orange und dem dickeren Aquarellpinsel ziehst du jetzt kräftige Striche immer vom Körper weg.

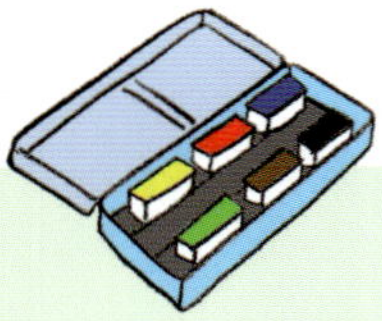

- **Aquarellfarben in Gelb, Orange, Rot und Schwarz**
- **Aquarellpapier 24 cm x 32 cm**
- **Aquarellpinsel Nr. 12 und 4**
- **Bleistift HB**
- **Teller zum Mischen**
- **Glas mit Wasser**

Zauberwald

4 Male dann noch einmal rote Striche darüber.

5 Zuletzt malst du mit dem feineren Aquarellpinsel (Nr. 4) den Schnabel rot an und das Auge in Schwarz. Warte damit aber bis alles trocken ist, sodass du nichts verwischst.

Auf dem

Pony

1 Zuerst zeichnest du die Umrisslinien deines Ponys mit Bleistift, wenn du magst, kannst du die Vorlage benutzen.

2 Mische etwas Braun und Ocker und male den Körper damit aus. Mähne, Schweif, Blässe und Beine bleiben erst einmal weiß. Benutze hierfür den dickeren Aquarellpinsel (Nr 12).

- **Deckfarben in Ocker, Braun, Gelb und Schwarz**
- **Aquarellpapier, 24 cm x 32 cm**
- **Aquarellpinsel Nr. 12 und 4**
- **Bleistift HB**
- **Teller oder Palette zum Mischen**
- **Glas mit Wasser**

Vorlage Seite 78

3 Für die Mähne und den Schweif mischst du Ocker und Gelb. Male erst die Ränder mit dem feineren Aquarellpinsel (Nr. 4). Die größeren Flächen im Schweif und in der Mähne kannst du dann mit dem dickeren Pinsel ausfüllen.

Reiterhof

4 Mit etwas verdünnter brauner Farbe und dem feineren Pinsel kannst du jetzt Schatten auf den Körper malen: an der Mähne und oben an den Beinen direkt unterm Bauch.

5 Mit dem feinen Pinsel und schwarzer Farbe malst du nun Auge, Nüster, Maul und Hufe. Ziehe auch auf dem Ohr noch einen kleinen schwarzen Strich.

Einäugiges

Riesenqualle

1 Male mit dem Rundpinsel eine rundliche Form mit drei wabbeligen Beinen in Türkis. Verdünne die Farbe etwas mit Wasser, dann kannst du den Umriss leichter malen. Fülle den Körper der Qualle anschließend mit dem Borstenpinsel aus.

2 Nimm den Rundpinsel und male mit gelber Farbe einen Kreis oben in die Mitte. Wenn du die Farbe mit etwas Wasser verdünnst, leuchtet die grüne Farbe durch und dein Alien sieht schön glitschig aus!

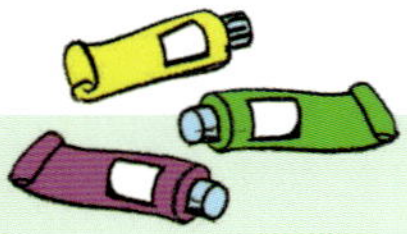

- **Acrylfarben in Türkis, Gelb, Rot und Weiß**
- **Acrylmalpapier, 24 cm x 32 cm**
- **Rundpinsel Nr. 12**
- **Borstenpinsel Nr. 12**
- **Palette oder Teller zum Mischen**
- **Glas mit Wasser**

3 Mit roter Farbe und dem Rundpinsel malst du jetzt einen Punkt in den Kreis und darunter einen Strich.

Alien

4 Jetzt kannst du mit dem Rundpinsel etwas Weiß aufnehmen und zwei kleine Zähne aus dem Mund schauen lassen. Male um das gelbe Auge noch einen weißen Rand.

Vorlagen

Um Mitternacht …
Vorlage bitte auf 160 %
vergrößern
Seite 32/33

Schneelandschaft
Hermelin
Vorlage bitte auf 160 %
vergrößern
Seite 10/11

Bezaubernde Unterwasserwelt
Vorlage bitte auf 160 % vergrößern
Seite 34/35

König der Wüste
Vorlage bitte auf 160 % vergrößern
Seite 56/57

Auf Samtpfötchen
Vorlage bitte auf 160 % vergrößern
Seite 60/61

Vorlagen

Auf dem Reiterhof
Vorlage bitte auf 200 % vergrößern
Seite 70/71

Räuber der Meere
Vorlage bitte auf 160 % vergrößern
Seite 62/63

Kleiner Spielkamerad
Vorlage bitte auf 160 % vergrößern
Seite 66/67

Impressum

Bei Fragen zu einzelnen Materialien oder Techniken wenden Sie sich bitte an unseren Kreativservice, Frau Erika Noll.
mail@kreativ-service.info
Telefon 0 50 52 / 91 18 58

Das Produktmanagement erreichen Sie unter:
frechverlag
Produktmanagement
Turbinenstraße 7, 70499 Stuttgart
Telefon 07 11 / 8 30 86 68
pm@frechverlag.de

Dieses Buch entstand in Kooperation mit der STAEDTLER Mars GmbH & Co. KG, Moosäckerstr. 3, 90427 Nürnberg. Weitere Kreativideen für Jung und Alt unter www.staedtler.de.

Illustrationen: Christine Bietz
Materialfoto Seite 4: frechverlag GmbH, 70499 Stuttgart; lichtpunkt, Michael Ruder, Stuttgart
Produktmanagement und Lektorat: Carolin Eichenlaub
Layout Umschlag/Inhalt: Sigrid Hecker
Umsetzung Layout Umschlag/Inhalt: Heike Köhl

1. Auflage 2012

ISBN 978-3-7724-5777-7 • Best.-Nr. 5777

Printed in China